家族のアルバム

むらかみみちこ 詩集

はじまりのうた

いちばんほしいもの
それは
家族《かぞく》

届《とど》けられた
たからもの
ひとつひとつ
編《あ》んできました

表紙デザイン
WORKS　若菜 啓

子どもたちの成長のなかの優しいイラストを数々の思い出のように、自然に周りに並べているだけで、十分な気がして、そのままのデザインにしました。

Ⅰ　家族《かぞく》のアルバム

若《わか》い日《ひ》から求《もと》め続《つづ》けてきた
家族《かぞく》、家庭《かてい》に降《ふ》り注《そそ》でいました。
優《さや》しい光と風が。

バトンタッチ

母《はは》から娘《むすめ》に
娘から子《こ》どもたちに
子どもたちから
友《とも》だちや仲間《なかま》に
バトンタッチ

大《おお》きな暖《あたた》かい

おくるみにくるんで
バトンタッチ

いのちの
たすきを繋《つな》いで
つないで
バトンタッチ

世界《せかい》がひとつの
家族《かぞく》になるために

命名《めいめい》

お父《とう》さんの名《な》は
白（あくる）

ちゃんとよんでくれる
人《ひと》がいなくて
だから
だれにでも

よんでもらえるようにと
やさしい名《な》にしました

わが家《や》にいちばんに
来《き》てくれた
君《きみ》に

太郎《たろう》に

「おかあさん　ぼくすき？」
朝《あさ》　起《お》きるなりあなたは聞《き》きました
床《とこ》の上《うえ》にきちんと座《すわ》って

かあさんはいつもぼくのこと
怒《おこ》ってばかりいる　もうぼくの
かあさんじゃなくなってしまったの

答《こた》えを待《ま》ってじっとかあさんを

見《み》つめている目《め》がそう話《はな》していました
「おかあさんね　太郎くん好《す》きよ　一番《いちばん》」
とたんに嬉《うれ》し気《げ》にかあさんの手《て》の中《なか》に
甘《あま》えてくるあなた

真悟《しんご》が生《う》まれて一年《ねん》
太郎と遊《あそ》ぶことも　絵本《えほん》を読《よ》むことも少《すく》なく
叱《しか》ることばかり増《ふ》えて
遠《とお》くなってゆくかあさんを
いつも探《さが》していたのね　ごめんね
長《なが》いことひとりぼっちにして

どうして

次郎《じろう》ではないの
しんしんと
降《ふ》る雪《ゆき》に
弟《おとうと》の名《な》を問《と》う
君《きみ》のひとみ
眩《まぶ》しくて

Happy Birthday

〈海《かい》〉に

〈ぼくの名前《なまえ》は　村上《むらかみ》　海《かい》です〉
習《なら》い覚《おぼ》えたばかりの手話《しゅわ》を
ほんのすこし　少年《しょうねん》らしさを増《ま》した
指先《ゆびさき》でして見《み》せてくれる

山《やま》が好《す》き
星《ほし》が好き

走《はし》ることの大好《だいす》きな
〈海〉は八歳《さい》

わかなに　まごむすめに

わかなは
木立《こだち》を通《とお》りすぎる風《かぜ》
朝露《あさつゆ》に光《ひか》るくもの糸《いと》

小《ちい》さな手《て》を
たたいて
歌《うた》って

聞《き》かせて
わかなの歌を

こころに
あふれる
ことばで
ゆっくりと
ゆっくりと　でいいのです

通《とお》せんぼ

ひとりひとりの
小《ちい》さなゆめを
通せんぼ

愛《いと》しさのあまり
握《にぎ》りしめていた
掌《てのひら》を開《ひら》きます

いま

おいで

ここまで
おいで
よーいどん
菜《な》の花畑《はなばたけ》を

とことこ
とことこ
歩《ある》いて
初《はじ》めの一歩《いっぽ》

さんぽ

「ね　チューして」
こうちゃんは　子犬《こいぬ》の鼻先《はなさき》に顔《かお》を近《ちか》づけます
子犬は　ちょっぴり　こわいのでしょう
そろり　そろりと後退《あとずさ》りします
「チューだよ　チュー」

とうとう　こうちゃんは
道端《みちばた》にはらばいになってしまいました
枯葉《かれは》がくるくると舞《ま》う夕暮《ゆうぐれ》のことです

ただいま

もうすぐドアを
開《あ》けるのはあの子《こ》
足音《あしおと》でわかります
だってこれまでも
これからも
ずっと　あなたの母《かあ》さんだから

かずこせんせい

後《うし》ろでひとつに束《たば》ねた髪《かみ》
まあるい大《おお》きな瞳《ひとみ》
待合室《まちあいしつ》で騒《さわ》ぐ子《こ》に
「こら！」と太《ふと》い声《こえ》
子どもたちは　みな
男《おとこ》せんせいと　思《おも》っていました

「熱《ねつ》では死《し》にません」に
精勤賞《せいきんしょう》を取《と》りました
病気《びょうき》といっしょに
心《こころ》も診《み》てくれた　かずこせんせい
辞《や》められたのですね
『永《なが》い間《あいだ》ありがとうございました』
の貼《は》り紙《がみ》に
こちらこそと
頭《あたま》を下《さ》げます

ぼうやとおいしゃさま

「ぼくも！」
お兄《にい》ちゃんのお供《とも》できたぼうやが
かわいいひとさし指《ゆび》を
おいしゃさまに差《さ》し出《だ》しました
「どーれ　ここがいたいのね」
おいしゃさまは　にっこり笑《わら》って
ぼうやの傷《きず》のない指に　やさしく

ほうたいをまいてくれました
ぼうやはほうたいをまいた指を
頭《あたま》の上《うえ》に立《た》てて見《み》せます
ちょっぴり　得意《とくい》げに……

かぶと虫《むし》

虫かごの中《なか》で
弱《よわ》っていく
かぶと虫

虫は木《き》から
木は虫から
いのちをもらっている

だから

ちゃんと　育《そだ》てられないなら

返《かえ》しておいで　森《もり》に

文庫《ぶんこ》の日《ひ》

あまえんぼうさん
なき虫《むし》さん
きかんぼうさん

みんな　いっしょに
歌《うた》ったね
たくさん　お話《はなし》聞《き》いたね

詩《し》　ポエムも
玄関先《げんかんさき》にあふれていた
小《ちい》さなくつに
呼《よ》びかけています
もどっておいでと
聞《き》こえますか？

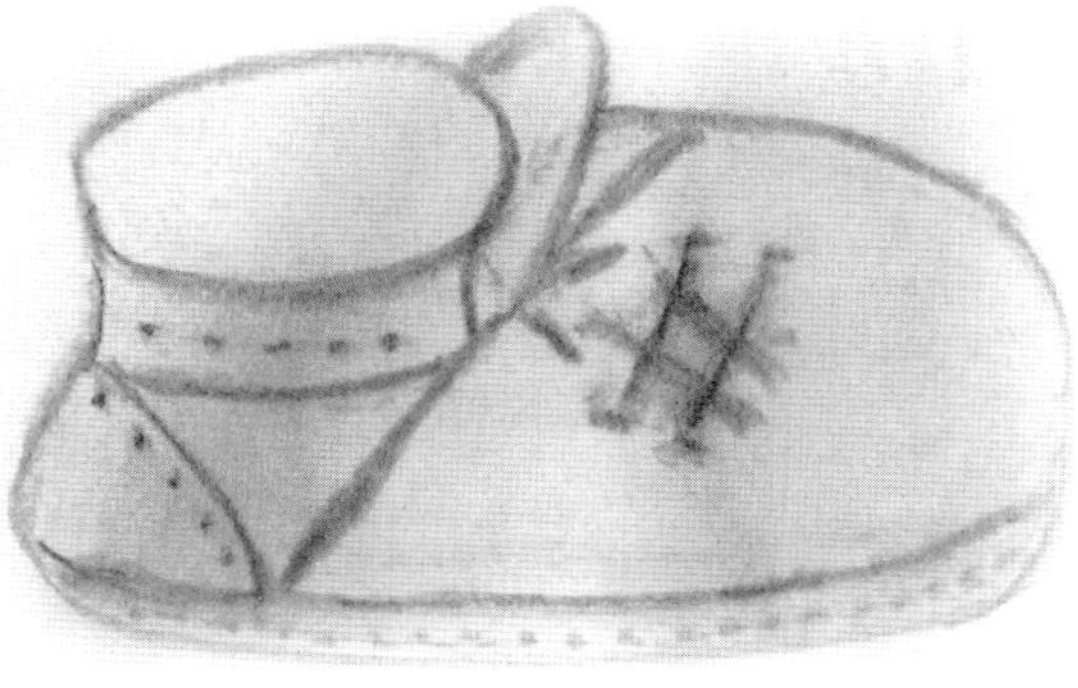

林道《りんどう》に

響《ひび》き渡《わた》る
泣《な》き声《ごえ》に
泣かないの
男《おとこ》の子《こ》でしょ

一瞬《いっしゅん》　宙《ちゅう》に舞《ま》い　転《ころ》んだ
自転車《じてんしゃ》を　起《お》こし
知《し》りました

傷《きず》の深《ふか》さを

おかあさんは見《み》ないほうが
よいでしょう　と　医師《せんせい》

たったひとりで
診察台《しんさつだい》の上《うえ》
泣かない
泣かないと

心《こころ》に決《き》めて……

「戦争《せんそう》っ子《こ》なの」と語《かた》ってくれました。
心豊《こころゆた》かに老《お》いを生《い》きる友《とも》
平和《へいわ》であれの想《おも》いを伝《つた》えたいと。

心のアルバム

そこに
いるだけで
明《あか》るい
親子《おやこ》って
子《こ》どもって

ふ・し・ぎ

ひとりぼっちなの
いいえ
家族《かぞく》といっしょでも
ひとりぼっちは
あるのです

強《つよ》いひとは

よわいひとの
よわいひとは
もっとよわいひとの
もっともっと
よわいひとは
小《ちい》さいものの

役《やく》に立《た》ちたいのです

たかこちゃんね
お父《とう》さんを
知《し》らないの

いまも　戦《いくさ》で
父親《ちちおや》を　知《し》らない
子《こ》どもたちが
たくさんいます

へこ帯《おび》が
いのちを
つなぎました
母《はは》と娘《むすめ》の
空襲《くうしゅう》から

＊へこ帯……男子あるいは子ども用の帯

1枚《まい》の集合写真《しゅうごうしゃしん》が届《とど》きました
―帽子《ぼうし》を斜《なな》めに被《かぶ》っているのが
ぼくです―

笑顔《えがお》がすてきな
優《やさ》しいお兄《にい》さんでした

戦争《せんそう》は
勝《か》っても
負《ま》けても
ひとのこころに
深《ふか》い
かなしみを
残《のこ》します

Ⅱ

小《ちい》さなひとからの手紙《てがみ》

ひとつの芽《め》が萌《も》えいで
ひとつの若枝《わかえだ》が育《そだ》つ
イザヤ書11・1

小《ちい》さなひとからの手紙《てがみ》

日《にち》ようさんかんがあります
いっしょうけんめい
いっしょうけんめい
がんばります
見《み》に来《き》てください
はれ　校《こう》ていで　たいいく
あめ　さんすう

（参観日《さんかんび》）

おかあさん
いつも
ごはんや
せんたくものを
やってくれて
ありがとう
ぼくも
てつだいを
がんばります
（母《はは》の日《ひ》に）

楽譜《がくふ》を

ありがとう
ピアノ
がんばります

なっちゃんの
手紙《てがみ》に思《おも》います

なっちゃんの
おじいちゃんは
言葉《ことば》を紡《つむ》ぐひとでした

今度《こんど》は
なっちゃんが
奏《かな》でるのですね
♪（おんぷ）の言葉《ことば》を

泳《およ》ぐ

あお向《む》けになって
浮《う》かぶこと
教《おし》えてもらいました
岩《いわ》まで
あお向《む》けになって
進《すす》んでいったら
青空《あおぞら》がみえました

ほわんほわんした
白《しろ》い雲《くも》が浮《う》かんでいました

クリスマスの前《まえ》の日《ひ》

とても風《かぜ》が強《つよ》かったので
サンタクロースのソリが
風でながされないかと
しんぱいでした
でも　クリスマスの朝《あさ》
くつしたに
コマと本《ほん》がはいっていました

サンタクロースより
と書《か》いてありました
よかった

冬休《ふゆやす》み

たこあげをしました
たかくあがりました
いいきもちでした

ぼくも
空《そら》にいってみたいなあ

てんのうへいかの　おたんじょうケーキ

てんのうへいかの　たんじょうびに
おかあさんに
「てんのうへいかの
たんじょうケーキの大《おお》きさは
どのくらいかなぁ」とききました
そして　もし大きいとしたら
どのくらい大きいかなぁとおもいます

もし大きかったら
どのくらい大きいのか
みにいきたいくらいです
そして
大きかったらどういうふうに
たべるのかなぁとおもいます
大きかったら　だれかにわけてたべるのかなぁ
たくさんあつまって
いっせいにたべないで
てんのうへいかが　さきにたべるのかな

そうかもしれないけど
さきにたべたら　ひとりずつたべるのかな
たべたらさいごの人《ひと》は
たくさんたべられるなぁ

＊昭和天皇誕生日《しょうわてんのうたんじょうび》……４月29日（現：昭和の日）

Ⅲ　おもいでのアルバム

――納戸町《なんどまち》14番地《ばんち》――

砂漠《さばく》よ、喜《よろこ》び、花《はな》を咲《さ》かせよ
野《の》ばらの花を一面《めん》に咲かせよ。
イザヤ書35・1

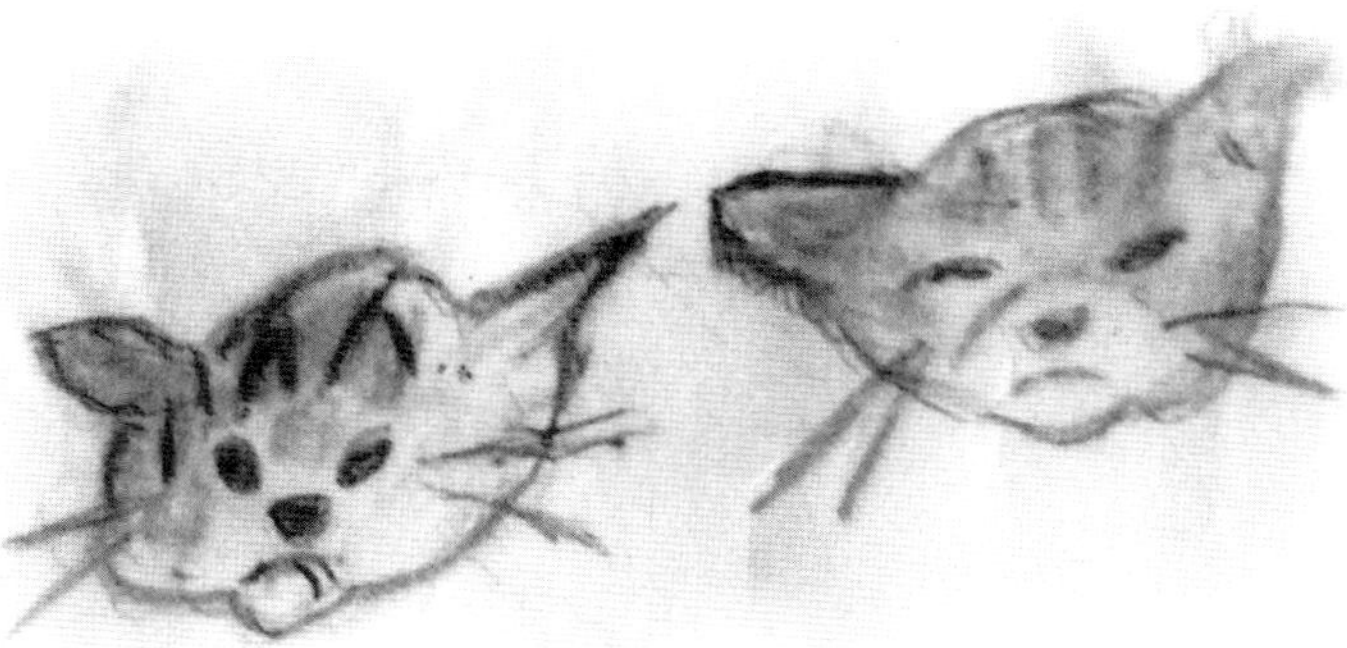

納戸町《なんどまち》14番地《ばんち》

全《すべ》てはここから始《はじ》まりました
ラジオから
「花《はな》の首飾《くびかざ》り」が
流《なが》れていました

東京富士見町教会《とうきょうふじみちょうきょうかい》

飯田橋駅《いいだばしえき》の
細長《ほそなが》い駅舎《えきしゃ》の
改札口《かいさつぐち》を出《で》た
左手《ひだりて》にありました
平日《へいじつ》のほの暗《ぐら》いチャペルは
こゝろ静《しず》かになりました

紀《き》の善《ぜん》

勤《つと》めの帰《かえ》りに
散歩《さんぽ》の途中《とちゅう》に
寄《よ》りました
並《なら》んで待《ま》って
お気《き》に入《い》りの
赤飯御膳《せきはんごぜん》をいただき
あんみつを買《か》って
帰《かえ》りました

神楽坂《かぐらざか》

大《おお》きなお腹《なか》を抱《かか》え
ふうふう言《い》って登《のぼ》りました
下駄屋《げたや》さん
茶碗屋《ちゃわんや》さん
着物屋《きものや》さん
花屋《はなや》さん
文房具屋《ぶんぼうぐや》さん
坂道《さかみち》を登《のぼ》りきったところに
毘沙門天《びしゃもんてん》
縁日《えんにち》で賑《にぎ》わいました

魚屋《さかなや》さん

イワシを買《か》いに
行《い》きました
とっておきの
活《い》きの良《い》いイワシを
人間《にんげん》のではありません
ねこのために

銭湯《せんとう》

待《ま》ち合《あ》わせ場所《ばしょ》は
ラーメン屋《や》さん
手《て》ぬぐいと
石《せっ》けんと
タオルを持《も》って

東京厚生年金病院《とうきょうこうせいねんきんびょういん》

うぶ着《ぎ》に
こぼれます
春《はる》の陽《ひ》が

ここは
ふるさとです
母《はは》と子《こ》の

浅間高原《あさまこうげん》

ススキの穂《ほ》が
風《かぜ》に揺《ゆ》れていました
あざみが咲《さ》いていました
カントリーハットと
つば広帽子《びろぼうし》の
ふたりを
山《やま》は優《やさ》しく

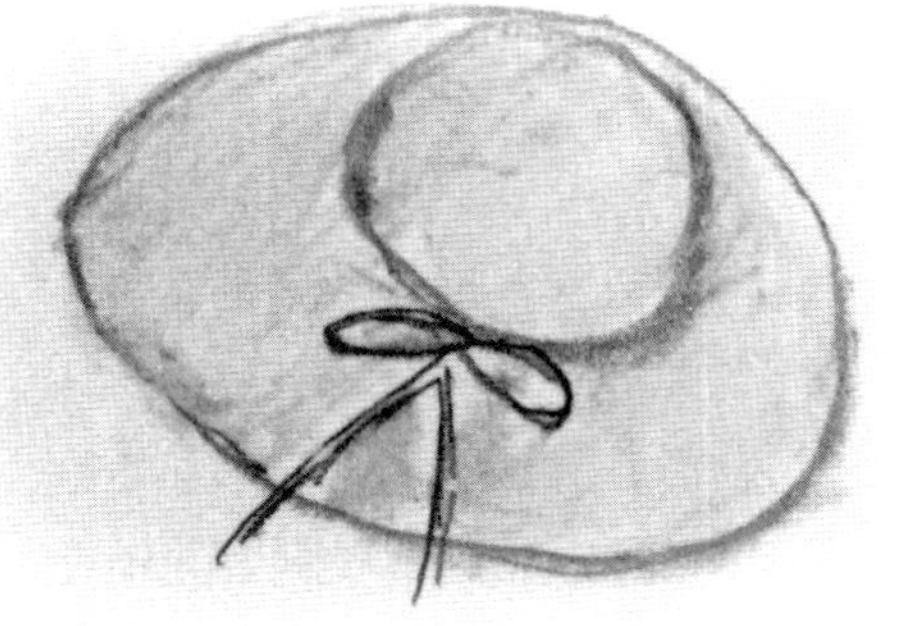

包《つつ》み込《こ》んでくれました
大《おお》きな腕《かいな》で
始《はじ》まったばかりの秋《あき》を
始まったばかりの愛《あい》を

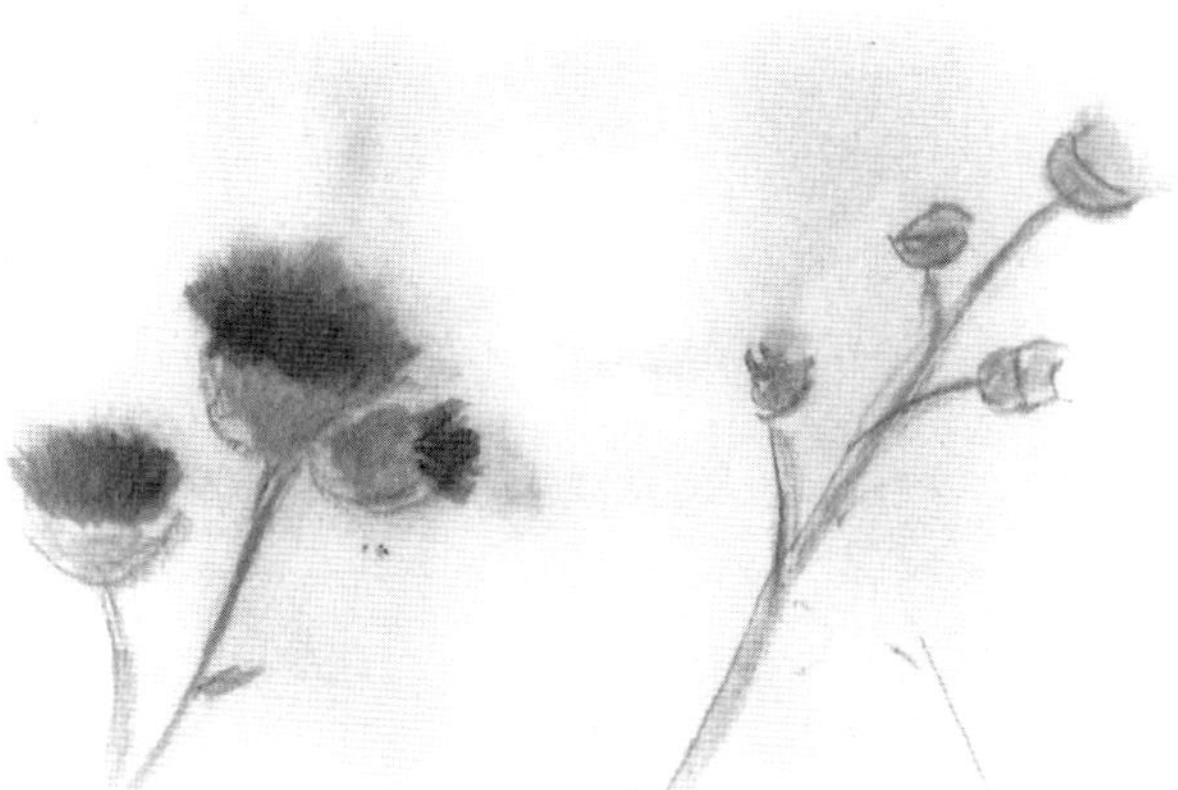

靖国神社《やすくにじんじゃ》

金色《こんじき》に光《ひか》る
銀杏《いちょう》の木《き》の下《した》で
銀杏《ぎんなん》を拾《ひろ》いました
だあれもいない参道《さんどう》に
ふたつの長《なが》い影《かげ》が
伸《の》びていました

そこだけ
すぽっとらいと

古本《ふるほん》まつり

九段坂《くだんざか》から神田神保町《かんだじんぼうちょう》へ
歩《ある》き慣《な》れた道《みち》です
かつての　わが家《や》へと
続《つづ》く道です
人混《ひとご》みを避《さ》けて
待《ま》っていました

ひとりでまっているの　と
背後《はいご》から声《こえ》が
そういえば
いつも待っていました
夫《おっと》の帰《かえ》りを
子《こ》どもたちの帰りを
待つことに
寂《さび》しさを感《かん》じるのは
老《お》いたからでしょうか

千鳥《ちどり》ヶ渕《がふち》

あなたは立《た》っていました
わたしの初《はじ》めての
詩集《ししゅう》を持《も》って

重《かさ》ねた手《て》に
桜吹雪《さくらふぶき》が
舞《ま》っていました
歓《よろこ》びに満《み》ちて……

時《とき》の向《む》こうに

晩秋《ばんしゅう》の山《やま》へ
自然観察《しぜんかんさつ》に
子《こ》どもたちの先頭《せんとう》に立《た》ち
走《はし》り出《だ》した　瞬間《しゅんかん》から
あなたの中《なか》に生《う》まれます
新《あたら》しい時間《じかん》の
始《はじ》まり
あなただけの—

挿《さ》す

束《たば》ねないで
切《き》らないで
野《の》に山《やま》に
あった
そのままを
挿します
のびのびと
花《はな》と
気持《きも》ちを
ひとつにして

家出《いえで》

幼《おさな》いこどもと
終電車《しゅうでんしゃ》がホームに
滑《すべ》り込《こ》んで来《く》るのを
じっと見《み》つめていました

大変《たいへん》ですね
こんな時間《じかん》まで
その声《こえ》に——

時間《じかん》

ブルーインパルスが
大空《おおぞら》に　描《えが》いた
5つ《いつ》の輪《わ》を　観《み》る
ふたり　ならんで
ただ　それだけの

待合室《まちあいしつ》

友《とも》だちかな
ぼうやは　ストップ
三《み》つ編《あ》みに　結《むす》んだ
女《おんな》の子《こ》を　見《み》つめます

それから

ふりかえり　ふりかえり
ママのところへ
走《はし》って行《い》きました

せみが

鳴《な》いています
声《こえ》を揃《そろ》えて
鳴いています
森《もり》ではありません
こころの
こころの
ずっと奥《おく》で

小《ちい》さな島《しま》は

海《うみ》の真《ま》ん中《なか》に
ぽっかり浮《う》かんでいました
段々畑《だんだんばたけ》のてっぺんに
なっていました
きらきらきらと
お日《ひ》さま色《いろ》した

みかんです

せみが　ミーンと鳴《な》いて
降《お》りて来《き》ました
また　ミーンと鳴いて
降りて来ました
次《つぎ》から次へと
降りて来ました

*伯方島《はかたじま》……愛媛県今治市《えひめけんいまばりし》

予感《よかん》

エンド
フイン
エンデ
丸《まる》　句点《くてん》を
そっと　置《お》いて
終《お》わりの

あのね

と話《はな》しかけているのに
もう　いない
花《はな》とクーちゃんと
いっしょに
あなたは6月の風《かぜ》になる

*クーちゃん……ビーグル犬の雌《めす》　クッキーを略《りゃく》してクーちゃん

義父《ちち》の日記《にっき》

あくる坊《ぼう》が
あくる坊が　と
記《しる》しています
遅《おそ》い子《こ》どもでした
ひとり子でした
かわいくて
細《こま》かな文字《もじ》で
あなたの名前《なまえ》が
並《なら》んでいます

還《かえ》る

シルバーカーと
ベビーカーが
すれ違《ちが》います
ベビーカーの上《うえ》の
ぼうやが
不思議《ふしぎ》そうに見《み》つめます
赤《あか》ちゃんなの？
そう　ぼうや
年《とし》を重《かさ》ねると
赤ちゃんに還《かえ》るのです

むらかみ詩集に寄り添って

柴崎俊子

少年詩集の編集に携わって、いつのまにか半世紀をすごしていました。当初はまだ一般に「少年詩」という語彙もなじみがうすく、その説明からの普及活動でした。「子どもにもわかる詩の世界」それは、想像力を誘い、身辺の営みから森羅万象まで見つめて、言葉に表現した「究極の文学」と信じていま す。東北大震災の折、テレビの放送が金子みすゞと谷川俊太郎の詩だけを、救いのように繰り返し放送したとき、私の信念は確たるものになりました。

このたび、むらかみさんの詩集を編むにあたって、たくさんの作品のなかから、むらかみさんらしい詩を抽出していて気づきました。やさしい心――この一言につきると。

やさしさにはやさしさが似合います
もっともふさわしい伴侶に出会って
川の流れのままに
しずかに　自然のリズムで

ひとり　ふたりと家族がふえて
今
車いすから　ひょいと振り返ると
家族のやさしいまなざしが
「なーに?」と応えています
（柴崎）

むらかみさんは、家族のありようをじっと見据えている人です。この詩人の命・生は戦争と深い関わりの、宿命ともいえる轍《わだち》を抱いていま
す。

戦争は
勝っても
負けても
ひとのこころに
深いかなしみを
残します
（本文より）

平和を祈る言葉——
これほど深い　切実な　こころの叫びがほかにあるでしょうか。

終わりのうた（あとがきに代えて）

主の慈しみは決して絶えない。
主の憐れみは決して尽きない。
それは朝ごとに新たになる。
哀歌3・22－23

ひとは、空があかね色に染まるころ　目覚め
あかね色に染まるころ　家路につきます
新しい朝の始まりは
新しい家族のものがたりの始まり
この小さな家族のあるばむの中に
家族への思いを重ねるとき
蘇って来るでしょう
慈しみ育てられた子ども時代が――
もう一冊のあるばむになって

「小さなひとからの手紙」では、子育て中には、聞き得なかった子どもたちの生き生きとした息づかい、言葉に触れるうれしい機会を得ました。

詩との出会いは、詩の朗読を通して、美しい日本語の響きに詩への憧れを持ったのが最初でした。いちばん多感な時代のよき師、よき言葉との出会いは、言葉紡ぎの基となっています。（「まだあげ初めし前髪の……」授業前の詩の朗読。美しい日本語の詩のリズムと声はいまも心に。いちばん多感な時代に、心に詩の種を蒔いてくださった川村学園時代の石川宏先生、ありがとう！）

これからも、耳を澄まし、瞳を凝らし、言の葉の声を聞き、素直に、純粋に無垢な心で、何気ないさり気ない日常の日々を優しい言葉で届けたいと思います。

最後になりましたが、この度の詩集「家族のアルバム」に銀の鈴社の編集長、柴崎俊子さまが、既詩集「雨あがりの朝」からも配してくださいました。そして、この詩集のために跋文を寄せてくださいました。

また、刊行に向けてご尽力いただきました、西野真由美さま、西野大介さまに合わせて厚くお礼申し上げます。

終わりに、家族ひとりひとりにありがとう。

２０１７年７月

詩・むらかみ　みちこ（村上　通子）
日本児童文芸家協会会員《にほんじどうぶんげいかきょうかいかいいん》
日本児童ペンクラブ会員

詩集
『勇気がないから』野火叢書
『雨あがりの朝』岩崎書店　自費出版
『風のゆうびんやさん』（ジュニアポエム双書No. 234）銀の鈴社

著書
『Coming Home』（銀の鈴社　たなごころの本）

NDC911
神奈川　銀の鈴社　2017
88頁 21cm（家族のアルバム）

ジュニアポエムシリーズ　271　　2017年7月28日発行
本体1,600円＋税

家族のアルバム

著　者　むらかみみちこ© 詩・絵
発行者　柴崎聡・西野真由美
編集発行　㈱銀の鈴社 TEL 0467-61-1930　FAX 0467-61-1931
〒248-0005　神奈川県鎌倉市雪ノ下3-8-33
http://www.ginsuzu.com
E-mail　info@ginsuzu.com

ISBN978−4−86618−022−9　C8092
落丁・乱丁本はお取り替え致します

印刷　電算印刷
製本　渋谷文泉閣

…ジュニアポエムシリーズ…

1 鈴木敏史詩集 宮下琢郎・絵 星の美しい村 ★☆
2 小池知子詩集 高志孝子・絵 おにわいっぱいぼくのなまえ ★☆
3 鶴岡千代子詩集 武田淑子・絵 白い虹 児文芸新人賞
4 楠木しげお詩集 久保雅勇・絵 カワウソの帽子
5 津坂治男詩集 垣内美穂・絵 大きくなったら ★◇
6 後藤れい子詩集 山本まつ子・絵 あくたれぼうずのかぞえうた
7 北村蔦子詩集 柿本幸造・絵 あかちんらくがき
8 吉田瑞穂詩集 吉田翠・絵 しおまねきと少年 ◇⃞★◎
9 新川和江詩集 葉祥明・絵 野のまつり ★☆
10 阪田寛夫詩集 織茂恭子・絵 夕方のにおい ◆⃞★☆○
11 高田敏子詩集 若山憲・絵 枯れ葉と星 ★☆
12 原田直友詩集 吉田翠・絵 スイッチョの歌 ★◎
13 小林純一詩集 久保雅勇・絵 茂作じいさん ◉★☆●◎
14 谷川俊太郎詩集 長新太・絵 地球へのピクニック ★◎
15 与田準一詩集 深沢省三・深沢紅子・絵 ゆめみることば ★

16 岸田衿子詩集 中谷千代子・絵 だれもいそがない村
17 江間章子詩集 榊原直美・絵 水と風 ◇◎
18 原田直友詩集 小野まり・絵 虹―村の風景― ★
19 福田正夫詩集 福田達夫・絵 星の輝く海 ★☆
20 草野心平詩集 長野ヒデ子・絵 げんげと蛙 ★☆○◇
21 宮田滋子詩集 青木まさる・絵 手紙のおうち ☆○
22 久保田昭三詩集 斎藤彬子・絵 のはらでさきたい
23 鶴岡千代子詩集 加倉井和夫・武田淑子・絵 白いクジャク ★●
24 尾上尚子詩集 まど・みちお・絵 そらいろのビー玉 ★☆ 児文協新人賞
25 水上紅詩集 深沢紅子・絵 私のすばる ☆
26 野呂昶詩集 福島一二三・絵 おとのかだん ★
27 こやま峰子詩集 武田淑子・絵 さんかくじょうぎ ☆
28 青戸かいち詩集 駒宮録郎・絵 ぞうの子だって
29 まきたかし詩集 福田達夫・絵 いつか君の花咲くとき ★☆♡
30 薩摩忠詩集 駒宮録郎・絵 まっかな秋 ★☆♡

31 新川和江詩集 福島一二三・絵 ヤァ!ヤナギの木 ★☆○♡
32 井上靖詩集 駒宮録郎・絵 シリア沙漠の少年 ★☆♡
33 古村徹三 詩・絵 笑いの神さま
34 江上波夫詩集 青空風太郎・絵 ミスター人類 ○☆
35 秋原秀夫詩集 鈴木義治・絵 風の記憶 ★◎
36 水村三千夫詩集 武田淑子・絵 鳩を飛ばす
37 久冨純江詩集 渡辺安芸夫・絵 風車 クッキングポエム
38 日野生三詩集 吉野晃希男・絵 雲のスフィンクス ★
39 佐藤雅子詩集 佐藤太清・広瀬きよみ・絵 五月の風 ★
40 小黒恵子詩集 武田淑子・絵 モンキーパズル ★
41 木村信子詩集 山本典子・絵 でていった
42 中野栄子詩集 吉田翠・絵 風のうた ☆
43 宮田滋子詩集 牧村慶子・絵 絵をかく夕日 ★
44 大久保テイ子詩集 渡辺安芸夫・絵 はたけの詩 ★☆
45 秋原秀夫詩集 赤星亮衛・絵 ちいさなともだち ♥

☆日本図書館協会選定（2015年度で終了）
★全国学校図書館協議会選定（SLA）
□少年詩賞　■茨城県すいせん図書
○厚生省中央児童福祉審議会すいせん図書
●日本童謡賞　♧岡山県選定図書
♡日本子どもの本研究会選定
♥秋田県選定図書
♣愛媛県教育会すいせん図書
◇岩手県選定図書
◆京都府選定図書
◇⃞芸術選奨文部大臣賞
◉赤い鳥文学賞　◆⃞赤い靴賞

…ジュニアポエムシリーズ…

46 日友靖子詩集 藤城清治・安西明美・絵 猫曜日だから ◆☆
47 秋葉てる代詩集 武田淑子・絵 ハープムーンの夜に ♡
48 こやま峰子詩集 山本省三・絵 はじめのいーっぽ ★♡
49 黒柳啓子詩集 金子滋・絵 砂かけ狐 ♡
50 三枝ますみ詩集 武田淑子・絵 ピカソの絵 ☆♡●
51 夢虹二詩集 武田淑子・絵 とんぼの中にぼくがいる ♡○❤
52 はたちよしこ詩集 まど・みちお・絵 レモンの車輪 □♧
53 大岡信詩集 葉祥明・絵 朝の頌歌 ★☆♡❤◎
54 吉田瑞穂詩集 吉田翠・絵 オホーツク海の月 ★☆♡
55 さとう恭子詩集 村上保・絵 銀のしぶき ★☆♡
56 星乃ミミナ詩集 葉祥明・絵 星空の旅人 ★☆♡
57 葉祥明 詩・絵 ありがとう そよ風 ★♡▲
58 青戸かいち詩集 初山滋・絵 双葉と風
59 小野ルミ詩集 和田誠・絵 ゆきふるるん ★☆●♡
60 なぐもはるき 詩・絵 たったひとりの読者 ★♡♧

61 小関秀夫詩集 小倉玲子・絵 風《かざ》栞《しおり》 ★♡❤
62 海沼松世詩集 守下さおり・絵 かげろうのなか ☆♡
63 山本龍生詩集 小倉玲子・絵 春行き一番列車 ♡
64 小泉周二詩集 深沢省三・絵 こもりうた ★☆♡
65 かわてせいぞう詩集 若山憲・絵 野原のなかで ♡★❤
66 えぐちまき詩集 赤星亮衛・絵 ぞうのかばん ♡◆❤
67 池田あきつ詩集 小倉玲子・絵 天気雨 ♡
68 藤井則行詩集 君島美知子・絵 友へ ♡♧
69 藤哲生詩集 武田淑子・絵 秋いっぱい ★♠
70 日友靖子詩集 深沢紅子・絵 花天使を見ましたか ★
71 吉田瑞穂詩集 吉田翠・絵 はるおのかきの木 ★
72 小島禄琅詩集 中村陽子・絵 海を越えた蝶 ☆★❤♡
73 にしおまさこ詩集 杉田幸子・絵 あひるの子 ★
74 山下竹二詩集 徳田徳志芸・絵 レモンの木 ★
75 高崎乃理子詩集 奥山英俊・絵 おかあさんの庭 ★♡

76 檜きみこ詩集 広瀬弦・絵 しっぽいっぽん ★●□☆♡
77 たかはしけいこ詩集 高田三郎・絵 おかあさんのにおい ♡♣□
78 星乃ミミナ詩集 深澤邦朗・絵 花かんむり ❤☆♡
79 佐藤照雄詩集 津波信久・絵 沖縄 風と少年 ☆♡★
80 相馬梅子詩集 やなせたかし・絵 真珠のように ❤★
81 小島禄琅詩集 深沢紅子・絵 地球がすきだ ★
82 鈴木美智子詩集 黒澤梧郎・絵 龍のとぶ村 ◇★❤
83 いがらしれいこ詩集 高田三郎・絵 小さなてのひら ☆
84 宮入黎子詩集 小倉玲子・絵 春のトランペット ☆★
85 下田喜久美詩集 方振寧・絵 ルビーの空気をすいました ☆
86 野呂昶詩集 方振寧・絵 銀の矢ふれふれ ★
87 ちよはらまちこ詩集 ちよはらまちこ・絵 パリパリサラダ ★
88 秋原秀夫詩集 徳田徳志芸・絵 地球のうた ☆★
89 中島あやこ詩集 井上緑・絵 もうひとつの部屋 ★
90 藤川こうのすけ詩集 葉祥明・絵 こころインデックス ☆

✽サトウハチロー賞　✢毎日童謡賞
☼三木露風賞
♤福井県すいせん図書
▲神奈川県児童福祉審議会推薦優良図書
♠奈良県教育研究会すいせん図書
✧北海道選定図書　❀三越左千夫少年詩賞
◈静岡県すいせん図書
◎学校図書館図書整備協会選定図書（SLBA）

…ジュニアポエムシリーズ…

91 新井和・詩集 高田三郎・絵 おばあちゃんの手紙 ☆★
92 はなわたえこ・詩集 えばとかつこ・絵 みずたまりのへんじ ★●
93 柏木恵美子・詩集 武田淑子・絵 花のなかの先生 ☆
94 中原千津子・詩集 寺内直美・絵 鳩への手紙 ★
95 高瀬美代子・詩集 小倉玲子・絵 仲なおり ★
96 杉本深由起・詩集 若山憲・絵 トマトのきぶん ☆★◎ 児文芸新人賞
97 宍倉さとし・詩集 守下さおり・絵 海は青いとはかぎらない ♧
98 石井英行・詩集 有賀忍・絵 おじいちゃんの友だち ■
99 なかのひろ・詩集 アサト・シェラ・絵 とうさんのラブレター ☆★
100 小松静江・詩集 藤川秀之・絵 古自転車のバットマン
101 石原一輝・詩集 加藤真夢・絵 空になりたい ☆❖★
102 小泉周二・詩集 西真里子・絵 誕生日の朝 ☆■★
103 くすのきしげのり・童謡 わたなべあきお・絵 いちにのさんかんび ☆★
104 成本和子・詩集 小倉玲子・絵 生まれておいで ♡♧☆★❖
105 伊藤政弘・詩集 小倉玲子・絵 心のかたちをした化石 ★

106 川崎洋子・詩集 井戸妙子・絵 ハンカチの木 □★☆
107 柘植愛子・詩集 油野誠一・絵 はずかしがりやのコジュケイ ❖
108 新谷智恵子・詩集 葉祥明・絵 風をください ●♡✣☆◈☼
109 金親尚子・詩集 牧進・絵 あたたかな大地 ☆
110 黒柳啓子・詩集 吉田翠・絵 父ちゃんの足音 ♡□☆★
111 富田栄子・詩集 油野誠一・絵 にんじん笛 ♡☆
112 原国子・詩集 高畠純・絵 ゆうべのうちに ☆
113 宇部京子・詩集 スズキコージ・絵 よいお天気の日に ☆◇★○□●
114 武鹿悦子・詩集 牧野鈴子・絵 お花見 ☆□
115 山本なおこ・詩集 梅田俊作・絵 さりさりと雪の降る日 ☆★
116 小林比呂古・詩集 おおた慶文・絵 ねこのみち ☆
117 後藤れい子・詩集 渡辺あきお・絵 どろんこアイスクリーム ☆
118 重清良吉・詩集 高田三郎・絵 草の上 ◆★☆□✇
119 宮中雲子・詩集 西真里子・絵 どんな音がするでしょか ✲★
120 前山敬子・詩集 若山憲・絵 のんびりくらげ ☆★

121 川端律子・詩集 若山憲・絵 地球の星の上で ♡
122 たかはしけいこ・詩集 織茂恭子・絵 とうちゃん ★♡✇♣
123 宮田滋子・詩集 深澤邦朗・絵 星の家族 ☆●
124 国沢たまき・詩集 唐沢静・絵 新しい空がある
125 池田あきつ・詩集 小倉玲子・絵 かえるの国 ★
126 黒田恵子・詩集 倉島千賀子・絵 ボクのすきなおばあちゃん ☆★♡
127 垣内磯子・詩集 宮崎照代・絵 よなかのしまうまバス ☆♡★
128 小泉周二・詩集 佐藤平八・絵 太陽へ ☆♡✇★●
129 中島和子・詩集 秋里信子・絵 青い地球としゃぼんだま ☆★
130 のろさかん・詩集 福島一二三・絵 天のたて琴 ☆
131 加藤丈夫・詩集 葉祥明・絵 ただ今受信中 ☆★
132 北原悠子・詩集 深沢紅子・絵 あなたがいるから ♡
133 池田もと子・詩集 小倉玲子・絵 おんぷになって ♡
134 鈴木初江・詩集 吉田翠・絵 はねだしの百合 ★
135 垣内磯子・詩集 今井俊・絵 かなしいときには ★

△長野県教育委員会すいせん図書　✡(財)日本動物愛護協会推薦図書
◆茨城県推奨図書

…ジュニアポエムシリーズ…

136 秋葉てる代詩集　やなせたかし・絵　おかしのすきな魔法使い　●★
137 青戸かいち詩集　永田萠・絵　小さなさようなら　❀★
138 柏木恵美子詩集　高田三郎・絵　雨のシロホン　♡★
139 藤井則行詩集　阿見みどり・絵　春だから　♡★◎
140 黒田勲子詩集　山中冬児・絵　いのちのみちを
141 南郷芳明詩集　的場豊子・絵　花時計
142 やなせたかし詩・絵　生きているってふしぎだな
143 内田麟太郎詩集　斎藤隆夫・絵　うみがわらっている
144 しまざきふみ詩集　島崎奈緒・絵　こねこのゆめ　♡
145 糸永えつこ詩集　武井武雄・絵　ふしぎの部屋から　♡
146 石坂きみこ詩集　鈴木英二・絵　風の中へ　♡
147 坂本のこ詩集　坂本こう・絵　ぼくの居場所　♡
148 島村木綿子詩・絵　森のたまご　❀
149 楠木しげお詩集　わたせせいぞう・絵　まみちゃんのネコ　★
150 牛尾良子詩集　上矢津・絵　おかあさんの気持ち　♡

151 三越左千夫詩集　阿見みどり・絵　せかいでいちばん大きなかがみ　★
152 水村三千夫詩集　高見八重子・絵　月と子ねずみ
153 川越文子詩集　横松桃子・絵　ぼくの一歩ふしぎだね　★
154 すずきゆかり詩集　葉祥明・絵　まっすぐ空へ
155 西田純詩集　葉祥明・絵　木の声水の声
156 清野倭文子詩集　水科舞・絵　ちいさな秘密《ひみつ》
157 川奈静詩集　直江みちる・絵　浜ひるがおはパラボラアンテナ　★◎
158 若木良水詩集　西真里子・絵　光と風の中で
159 牧陽子詩集　渡辺あきお・絵　ねこの詩　★◎
160 宮田滋子詩集　阿見みどり・絵　愛一輪　★◎
161 井上灯美子詩集　唐沢静・絵　ことばのくさり　☆●
162 滝波万理子詩集　滝波裕子・絵　みんな王《おう》様《さま》　★●
163 冨岡みち詩集　関口コオ・絵　かぞえられへんせんぞさん　★
164 垣内磯子詩集　辻恵子・切り絵　緑色のライオン　★◎
165 すぎもとれいこ詩集　平井辰夫・絵　ちょっといいことあったとき　★

166 岡田喜代子詩集　おぐらひろかず・絵　千年の音　★☆◎
167 川奈静詩集　直江みちる・絵　ひもの屋さんの空　★◎☆♥♡
168 鶴岡千代子詩集　武田淑子・絵　白い花火　★☆
169 井上灯美子詩集　唐沢静・絵　ちいさい空をノックノック　★◎☆
170 尾崎杏子詩集　ひなた山すじゅう郎・絵　海辺のほいくえん　☆♡★◎
171 柘植愛子詩集　やなせたかし・絵　たんぽぽ線路　☆♡★◎●
172 小林比呂古詩集　うめざわのりお・絵　横須賀スケッチ　☆★◎♡▲
173 林佐知子詩集　串田敦子・絵　きょうという日　☆★◎♡▲
174 後藤基宗子詩集　岡澤由紀子・絵　風とあくしゅ　☆♥★◎♡
175 土屋律子詩集　高瀬のぶえ・絵　るすばんカレー　☆♡★◎▲
176 三輪アイ子詩集　深沢邦朗・絵　かたぐるましてよ　★☆♡
177 田辺瑞美子詩集　西真里子・絵　地球賛歌　☆★◎
178 髙瀬美代子詩集　小倉玲子・絵　オカリナを吹く少女　☆♡
179 中野惠子詩集　串田敦子・絵　コロポックルでておいで　★♡☆●
180 松井節子詩集　阿見みどり・絵　風が遊びにきている　★☆♡▲

…ジュニアポエムシリーズ…

181 新谷智恵子詩集／徳田徳志芸・絵　とびたいペンギン　佐世保文学賞 ♡★◎▲
182 牛尾良子詩集／牛尾征治・写真　庭のおしゃべり ♡★◎
183 三枝ますみ詩集／髙見八重子・絵　サバンナの子守歌 ☆★
184 佐藤雅子詩集／佐藤太清・菊池治子・絵　空の牧《まき》場《ば》 ☆★♡■◎◈
185 山内弘子詩集／おぐらひろかず・絵　思い出のポケット ♡★●
186 山内弘子詩集／阿見みどり・絵　花の旅人 ♡★▲
187 原国子詩集／牧野鈴子・絵　小鳥のしらせ ♡★△◎
188 人見敬子詩・絵　方《はこ》舟《ぶね》地球号 —いのちは元気— ♡★◎
189 林佐知子詩集／串田敦子・絵　天にまっすぐ ★☆♡◎
190 小臣富子詩集／渡辺あきお・絵　わんさかわんさかどうぶつさん ✡♡★◎
191 川越文子詩集／かまだちえみ・写真　もうすぐだからね ♡★◎
192 永田喜久男詩集／武田淑子・絵　はんぶんごっこ ☆★◎♡
193 吉田房子詩集／大和田明代・絵　大地はすごい ★◎♡
194 石井春香詩集／髙見八重子・絵　人魚の祈り ★♡
195 石原一輝詩集／小倉玲子・絵　雲のひるね ♡

196 たかはしけいこ詩集／髙橋敏彦・絵　そのあと ひとは ★
197 宮田滋子詩集／おおた慶文・絵　風がふく日のお星さま ★♡◎
198 渡辺恵美子詩集／つるみゆき・絵　空をひとりじめ ★♡●
199 宮中雲子詩集／西真里子・絵　手と手のうた ★
200 杉本深由起詩集／太田大八・絵　漢字のかんじ ★♡
201 井上灯美子詩集／唐沢静・絵　心の窓が目だったら ★♡
202 峰松晶子詩集／おおた慶文・絵　きばなコスモスの道 ★♡
203 高橋文子詩集／山中桃子・絵　八丈太鼓 ★♡
204 長野貴子詩集／武田淑子・絵　星座の散歩 ★♡
205 江口正子詩集／髙見八重子・絵　水の勇気 ♡☆★
206 藤本美智子詩・絵　緑のふんすい ☆♡★
207 林佐知子詩集／串田敦子・絵　春はどどど ♡★◎
208 小関秀夫詩集／阿見みどり・絵　風のほとり ☆♡★
209 宗美津子詩集／宗信寛・絵　きたのもりのシマフクロウ ♡★
210 かわてせいぞう詩集／髙橋敏彦・絵　流れのある風景 ☆♡★

211 土屋律子詩集／高瀬のぶえ・絵　ただいまぁ ★♡☆◎
212 永田喜久男詩集／武田淑子・絵　かえっておいで ☆♡★
213 みたみちこ詩集／牧進・絵　いのちの色 ♡★
214 糸永えつこ詩集／糸永わかこ・絵　母です 息子です おかまいなく ♡☆★
215 宮田滋子詩集／武田淑子・絵　さくらが走る ♡☆★●
216 柏木恵美子詩集／吉野晃希男・絵　ひとりぽっちの子クジラ ♡★◎
217 江口正子詩集／髙見八重子・絵　小さな勇気 ♡☆★
218 井上灯美子詩集／唐沢静・絵　いろのエンゼル ★♡
219 中島あやこ詩集／日向山寿十郎・絵　駅伝競走 ★☆♡
220 高橋孝治詩集／髙見八重子・絵　空の道 心の道 ★♡
221 江口正子詩集／日向山寿十郎・絵　勇気の子 ♡☆★
222 宮田滋子詩集／牧野鈴子・絵　白鳥よ ☆★
223 井上良子詩集／銅版画　太陽の指環 ★
224 川越文子詩集／山中桃子・絵　魔法のことば ♡☆★
225 西本みさこ詩集／上司かのん・絵　いつもいっしょ ☆♡

…ジュニアポエムシリーズ…

226 おばらいちこ詩集 髙見八重子・絵 ぞうのジャンボ ☆★♡
227 吉田房子詩集 本田あまね・絵 まわしてみたい石臼 ★♡
228 吉田房子詩集 阿見みどり・絵 花　詩　集 ★♡◎
229 田中たみ子詩集 唐沢静・絵 へこたれんよ ★◎
230 林佐知子詩集 串田敦子・絵 この空につながる ★♡
231 藤本美智子 詩・絵 心のふうせん ★♡
232 火星雅範詩集 西川律子・絵 ささぶねうかべたよ ★♡▲
233 吉田房子詩集 岸田歌子・絵 ゆりかごのうた ★♡
234 むらかみみちこ詩集 むらかみみちこ むらかみあくる・絵 風のゆうびんやさん ★♡
235 白谷玲花詩集 阿見みどり・絵 柳川白秋めぐりの詩 ★♡
236 ほさかとしこ詩集 内山つとむ・絵 神さまと小鳥 ★☆♡
237 内田麟太郎詩集 長野ヒデ子・絵 まぜごはん ☆★◎♡▲
238 小林比呂古詩集 出口雄大・絵 きりりと一直線 ♡★
239 牛尾良子詩集 おぐらひろかず・絵 うしの土鈴とうさぎの土鈴 ★◎♡
240 山本純子詩集 ルイコ・絵 ふ　ふ　ふ ★♡☆◎

241 神田亮 詩・絵 天使の翼 ★☆♡
242 かんざわみえ詩集 阿見みどり・絵 子供の心大人の心さ迷いながら ☆★◎▲
243 永田喜久男詩集 内山つとむ・絵 つながっていく ★☆♡
244 浜野木碧 詩・絵 海原散歩 ☆★◎♡
245 やまうち・しゅうへい詩集 山本省三・絵 風のおくりもの ☆★◎♡
246 すぎもとれいこ 詩・絵 てんきになあれ ★◎
247 冨岡みち詩集 加藤真夢・絵 地球は家族 ひとつだよ ♡☆◎★
248 北野千賀詩集 滝波裕子・絵 花束のように ♡☆★◎
249 石原一輝詩集 加藤真夢・絵 ぼくらのうた ♡★◎
250 土屋律子詩集 高瀬のぶえ・絵 まほうのくつ ♡☆★◎
251 津坂治男詩集 井上良子・絵 白い太陽 ☆♡★◎
252 石井英行詩集 よしだちなつ・表紙絵 野原くん ☆★♡◎▲
253 井上灯美子詩集 唐沢静・絵 たからもの ☆♡★
254 大竹典子詩集 加藤真夢・絵 おたんじょう ☆★
255 たかはしけいこ詩集 織茂恭子・絵 流れ星 ★♡

256 谷川俊太郎詩集 下田昌克・絵 そして ♡★◎
257 なんば・みちこ詩集 布下満・絵 トックントックン 大空で大地で ★◎
258 宮本美智子詩集 阿見みどり・絵 夢の中に そっと ★◎♡
259 成本和子詩集 阿見みどり・絵 天使の梯子 ★◎
260 海野文音詩集 牧野鈴子・絵 ナンドデモ ★♡
261 熊谷本郷詩集 永田萠・絵 かあさん かあさん ★♡
262 大楠翠詩集 吉野晃希男・絵 おにいちゃんの紙飛行機 ★♡●
263 久保恵子詩集 たかせちなつ・絵 わたしの心は 風に舞う ★♡
264 みずかみさやか詩集 葉祥明・絵 五月の空のように ★♡
265 尾崎昭代詩集 中辻アヤ子・絵 たんぽぽの日
266 はやしゆみ詩集 渡辺あきお・絵 わたしはきっと小鳥
267 田沢節子詩集 永田萠・絵 わき水ぷっくん
268 柘植愛子詩集 そねはらまさえ・絵 赤いながぐつ
269 馬場与志子詩集 日向山寿十郎・絵 ジャンケンポンでかくれんぼ
270 内田麟太郎詩集 高畠純・絵 たぬきのたまご

ジュニアポエムシリーズは、子どもにもわかる言葉で真実の世界をうたう個人詩集のシリーズです。

本シリーズからは、毎回多くの作品が教科書等の掲載詩に選ばれており、1974年以来、全国の小・中学校の図書館や公共図書館等で、長く、広く、読み継がれています。

心を育むポエムの世界。

一人でも多くの子どもや大人に豊かなポエムの世界が届くよう、ジュニアポエムシリーズはこれからも小さな灯をともし続けて参ります。

271 むらかみみちこ 詩集・絵 家族のアルバム

＊刊行の順番はシリーズ番号と異なる場合があります。

掌の本 アンソロジー

- こころの詩 I
- しぜんの詩 I
- いのちの詩 I
- ありがとうの詩 I
- 詩集 希望
- 詩集 家族
- いのちの詩集―いきものと野菜
- ことばの詩集―方言と手紙
- 詩集―夢・おめでとう
- 詩集―ふるさと・旅立ち

心に残る本を　そっとポケットに　しのばせて…
・A7判（文庫本の半分サイズ）　・上製、箔押し

銀の小箱シリーズ

- 葉 祥明 詩・絵　小さな庭
- 若山 憲 詩・絵　白い煙突
- こばやしひろこ・詩 うめざわのりお・絵　みんななかよし
- 江口 正子・詩 油野 誠一・絵　みてみたい
- やなせたかし 詩・絵　あこがれよなかよくしよう
- 冨岡 みち・詩 関口 コオ・絵　ないしょやで
- 小林比呂古・詩 神谷 健雄・絵　花かたみ
- 小泉 周二・詩 辻 友紀子・絵　誕生日・おめでとう
- 柏原 耿子・詩 阿見みどり・絵　アハハ・ウフフ・オホホ★♡▲
- こばやしひろこ・詩 うめざわのりお・絵　ジャムパンみたいなお月さま★

すずのねえほん

- たかはしけいこ・詩 中釜浩一郎・絵　わたし★◎
- 尾上 尚子・詩 小倉 玲子・絵　ぽわぽわん
- 糸永えつこ・詩 高見八重子・絵　はる なつ あき ふゆ もうひとつ★児文芸新人賞
- 山口 敦子・詩 高橋 宏幸・絵　ばあばとあそぼう
- あらい・まさはる・童謡 しのはられみ・絵　けさいちばんのおはようさん
- 佐藤 雅子・詩 佐藤 太清・絵　こもりうたのように●日本童謡賞 美しい日本の12ヵ月
- 柏木 隆雄・詩 やなせたかし他・絵　かんさつ日記★♡

アンソロジー

- 渡辺 浦人・編 村上 保・絵　赤い鳥 青い鳥●
- わたげの会・編 渡辺あきお・絵　花ひらく★
- 木曜会・編 西 真里子・絵　いまも星はでている★
- 木曜会・編 西 真里子・絵　いったりきたり♡
- 木曜会・編 西 真里子・絵　宇宙からのメッセージ
- 木曜会・編 西 真里子・絵　地球のキャッチボール★◎
- 木曜会・編 西 真里子・絵　おにぎりとんがった☆★◎
- 木曜会・編 西 真里子・絵　みぃーつけた♡★◎
- 木曜会・編 西 真里子・絵　ドキドキがとまらない
- 木曜会・編 西 真里子・絵　神さまのお通り★
- 木曜会・編 西 真里子・絵　公園の日だまりで★♡
- 木曜会・編 西 真里子・絵　ねこがのびをする♡★